Die Deutsche Bibliothek – CIP-Einheitsaufnahme

Das Waldhaus : ein Märchen der Brüder Grimm /
[SBS, Schweizerische Bibliothek für Blinde und Sehbehinderte].
Ill. von Jürg Obrist. – Zürich : SBS, 2002.
ISBN 3-908368-00-6 Gb.
ISBN 3-908368-01-4 brosch.

Satz: Erich Gülland, Dielsdorf / Lithos: Photolitho AG, Gossau ZH
Druck: Proost N.V., Turnhout / Südostschweiz Print AG, Chur

ISBN 3-908368-00-6 (gebunden)
ISBN 3-908368-01-4 (broschiert)

Der Text folgt den *Kinder- und Hausmärchen,* gesammelt durch die Brüder Grimm
(vollständige, textgetreue Ausgabe), herausgegeben und mit einem Nachwort versehen
von Carl Helbling, Manesse Verlag, Zürich

DAS WALDHAUS

Ein Märchen der Brüder Grimm Illustriert von Jürg Obrist

Ein armer Holzhauer lebte mit seiner Frau und drei Töchtern in einer kleinen Hütte an dem Rande eines einsamen Waldes. Eines Morgens, als er wieder an seine Arbeit wollte, sagte er zu seiner Frau: «Lass mir mein Mittagsbrot von dem ältesten Mädchen hinaus in den Wald bringen, ich werde sonst nicht fertig. Und damit es sich nicht verirrt», setzte er hinzu, «so will ich einen Beutel mit Hirsen mitnehmen und die Körner auf den Weg streuen.» Als nun die Sonne mitten über dem Walde stand, machte sich das Mädchen mit einem Topf voll Suppe auf den Weg. Aber die Feld- und Waldsperlinge, die Lerchen und Finken, Amseln und Zeisige hatten den Hirsen schon längst aufgepickt, und das Mädchen konnte die Spur nicht finden. Da ging es auf gut Glück immer fort, bis die Sonne sank und die Nacht einbrach.

Die Bäume rauschten in der Dunkelheit, die Eulen schnarrten, und es fing an ihm angst zu werden. Da erblickte es in der Ferne ein Licht, das zwischen den Bäumen blinkte. Dort sollten wohl Leute wohnen, dachte es, die mich über Nacht behalten, und ging auf das Licht zu. Nicht lange, so kam es an ein Haus, dessen Fenster erleuchtet waren. Es klopfte an, und eine rauhe Stimme rief von innen: «Herein.» Das Mädchen trat auf die dunkle Diele und pochte an der Stubentür. «Nur herein», rief die Stimme, und als es öffnete, sass da ein alter eisgrauer Mann an dem Tisch, hatte das Gesicht auf die beiden Hände gestützt, und sein weisser Bart floss über den Tisch herab fast bis auf die Erde. Am Ofen aber lagen drei Tiere, ein Hühnchen, ein Hähnchen und eine buntgescheckte Kuh.

Das Mädchen erzählte dem Alten sein Schicksal und bat um ein Nachtlager. Der Mann sprach:

«Schön Hühnchen,
Schön Hähnchen,
Und du, schöne bunte Kuh,
Was sagst du dazu?»

«Duks!» antworteten die Tiere; und das musste wohl heissen: «Wir sind es zufrieden», denn der Alte sprach weiter: «Hier ist Hülle und Fülle, geh hinaus an den Herd und koch uns ein Abendessen.» Das Mädchen fand in der Küche Überfluss an allem und kochte eine gute Speise, aber an die Tiere dachte es nicht. Es trug die volle Schüssel auf den Tisch, setzte sich zu dem grauen Mann, ass und stillte seinen Hunger. Als es satt war, sprach es: «Aber jetzt bin ich müde, wo ist ein Bett, in das ich mich legen und schlafen kann?»

Die Tiere antworteten:

«Du hast mit ihm gegessen,
Du hast mit ihm getrunken,
Du hast an uns gar nicht gedacht,
Nun sieh auch, wo du bleibst die Nacht.»

Da sprach der Alte: «Steig nur die Treppe hinauf, so wirst du eine Kammer mit zwei Betten finden, schüttle sie auf und decke sie mit weissem Linnen, so will ich auch kommen und mich schlafen legen.» Das Mädchen stieg hinauf, und als es die Betten geschüttelt und frisch gedeckt hatte, legte es sich in das eine, ohne weiter auf den Alten zu warten. Nach einiger Zeit aber kam der graue Mann, beleuchtete das Mädchen mit dem Licht und schüttelte mit dem Kopf. Und als er sah, dass es fest eingeschlafen war, öffnete er eine Falltüre und liess es in den Keller sinken.

Der Holzhauer kam am späten Abend nach Haus und machte seiner Frau Vorwürfe, dass sie ihn den ganzen Tag habe hungern lassen. «Ich habe keine Schuld», antwortete sie, «das Mädchen ist mit dem Mittagessen hinausgegangen, es muss sich verirrt haben: morgen wird es schon wiederkommen.» Vor Tag aber stand der Holzhauer auf, wollte in den Wald und verlangte, die zweite Tochter sollte ihm diesmal das Essen bringen. «Ich will einen Beutel mit Linsen mitnehmen», sagte er, «die Körner sind grösser als Hirsen, das Mädchen wird sie besser sehen und kann den Weg nicht verfehlen.» Zur Mittagszeit trug auch das Mädchen die Speise hinaus, aber die Linsen waren verschwunden: die Waldvögel hatten sie, wie am vorigen Tag, aufgepickt und keine übriggelassen. Das Mädchen irrte im Walde umher, bis es Nacht ward; da kam es ebenfalls zu dem Haus des Alten, ward hereingerufen und bat um Speise und Nachtlager.

Der Mann mit dem weissen Barte fragte wieder die Tiere:

«Schön Hühnchen,
Schön Hähnchen,
Und du, schöne bunte Kuh,
Was sagst du dazu?»

Die Tiere antworteten abermals: «Duks»,

und es geschah alles wie am vorigen Tag. Das Mädchen kochte eine gute Speise, ass und trank mit dem Alten und kümmerte sich nicht um die Tiere. Und als es sich nach seinem Nachtlager erkundigte, antworteten sie:

«Du hast mit ihm gegessen,
Du hast mit ihm getrunken,
Du hast an uns gar nicht gedacht,
Nun sieh auch, wo du bleibst die Nacht.»

Als es eingeschlafen war, kam der Alte, betrachtete es mit Kopfschütteln und liess es in den Keller hinab.

Am dritten Morgen sprach der Holzhacker zu seiner Frau: «Schicke mir heute unser jüngstes Kind mit dem Essen hinaus, das ist immer gut und gehorsam gewesen, das wird auf dem rechten Weg bleiben und nicht wie seine Schwestern, die wilden Hummeln, herumschwärmen.» Die Mutter wollte nicht und sprach: «Soll ich mein liebstes Kind auch noch verlieren?» – «Sei ohne Sorge», antwortete er, «das Mädchen verirrt sich nicht, es ist zu klug und verständig; zum Überfluss will ich Erbsen mitnehmen und ausstreuen, die sind noch grösser als Linsen und werden ihm den Weg zeigen.» Aber als das Mädchen mit dem Korb am Arm hinauskam, so hatten die Waldtauben die Erbsen schon im Kropf, und es wusste nicht, wohin es sich wenden sollte. Es war voll Sorgen und dachte beständig daran, wie der arme Vater hungern und die gute Mutter jammern würde, wenn es ausbliebe. Endlich, als es finster ward, erblickte es das Lichtchen und kam an das Waldhaus. Es bat ganz freundlich, sie möchten es über Nacht beherbergen, und der Mann mit dem weissen Bart fragte wieder seine Tiere:

«Schön Hühnchen,
Schön Hähnchen,
Und du, schöne bunte Kuh,
Was sagst du dazu?»

«Duks», sagten sie. Da trat das Mädchen an den Ofen, wo die Tiere lagen, und liebkoste Hühnchen und Hähnchen, indem es mit der Hand über die glatten Federn hinstrich, und die bunte Kuh kraute es zwischen den Hörnern. Und als es auf Geheiss des Alten eine gute Suppe bereitet hatte und die Schüssel auf dem Tisch stand, so sprach es: «Soll ich mich sättigen, und die guten Tiere sollen nichts haben? Draussen ist die Hülle und Fülle, erst will ich für sie sorgen.» Da ging es, holte Gerste und streute sie dem Hühnchen und Hähnchen vor und brachte der Kuh wohlriechendes Heu einen ganzen Arm voll. «Lasst's euch schmecken, ihr lieben Tiere», sagte es, «und wenn ihr durstig seid, sollt ihr auch einen frischen Trunk haben.» Dann trug es einen Eimer voll Wasser herein, und Hühnchen und Hähnchen sprangen auf den Rand, steckten den Schnabel hinein und hielten den Kopf dann in die Höhe, wie die Vögel trinken, und die bunte Kuh tat auch einen herzhaften Zug. Als die Tiere gefüttert waren, setzte sich das Mädchen zu dem Alten an den Tisch und ass, was er ihm übriggelassen hatte. Nicht lange, so fing Hühnchen und Hähnchen an, das Köpfchen zwischen die Flügel zu stecken, und die bunte Kuh blinzelte mit den Augen.

Da sprach das Mädchen: «Sollen wir uns nicht zur Ruhe begeben?

Schön Hühnchen,
Schön Hähnchen,
Und du, schöne bunte Kuh,
Was sagst du dazu?»

Die Tiere antworteten: «Duks,

Du hast mit uns gegessen,
Du hast mit uns getrunken,
Du hast uns alle wohl bedacht,
Wir wünschen dir eine gute Nacht.»

Da ging das Mädchen die Treppe hinauf, schüttelte die Federkissen und deckte frisches Linnen auf, und als es fertig war, kam der Alte und legte sich in das eine Bett, und sein weisser Bart reichte ihm bis an die Füsse. Das Mädchen legte sich in das andere, tat sein Gebet und schlief ein. Es schlief ruhig bis Mitternacht; da ward es so unruhig in dem Hause, dass das Mädchen erwachte. Da fing es an, in den Ecken zu knittern und zu knattern, und die Türe sprang auf und schlug an die Wand; die Balken dröhnten, als wenn sie aus ihren Fugen gerissen würden, und es war, als wenn die Treppe herabstürzte, und endlich krachte es, als wenn das ganze Dach zusammenfiele. Da es aber wieder still ward und dem Mädchen nichts zuleid geschah, so blieb es ruhig liegen und schlief wieder ein.

Als es aber am Morgen bei hellem Sonnenschein aufwachte, was erblickten seine Augen? Es lag in einem grossen Saal, und rings umher glänzte alles in königlicher Pracht: an den Wänden wuchsen auf grünseidenem Grund goldene Blumen in die Höhe, das Bett war von Elfenbein und die Decke darauf von rotem Samt, und auf einem Stuhl daneben standen ein Paar mit Perlen bestickte Pantoffel. Das Mädchen glaubte, es wäre ein Traum, aber es traten drei reichgekleidete Diener herein und fragten, was es zu befehlen hätte. «Geht nur», antwortete das Mädchen, «ich will gleich aufstehen und dem Alten eine Suppe kochen und dann auch schön Hühnchen, schön Hähnchen und die schöne bunte Kuh füttern.» Es dachte, der Alte wäre schon aufgestanden, und sah sich nach seinem Bette um, aber er lag nicht darin, sondern ein fremder Mann. Und als es ihn betrachtete und sah, dass er jung und schön war, erwachte er, richtete sich auf und sprach: «Ich bin ein Königssohn und war von einer bösen Hexe verwünscht worden, als ein alter eisgrauer Mann in dem Wald zu leben; niemand durfte um mich sein als meine drei Diener in der Gestalt eines Hühnchens, eines Hähnchens und einer bunten Kuh.

Und nicht eher sollte die Verwünschung aufhören, als bis ein Mädchen zu uns käme, so gut von Herzen, dass es nicht gegen die Menschen allein, sondern auch gegen die Tiere sich liebreich bezeigte, und das bist du gewesen, und heute um Mitternacht sind wir durch dich erlöst und das alte Waldhaus ist wieder in meinen königlichen Palast verwandelt worden.» Und als sie aufgestanden waren, sagte der Königssohn den drei Dienern, sie sollten hinfahren und Vater und Mutter des Mädchens zur Hochzeitsfeier herbeiholen. «Aber wo sind meine zwei Schwestern?» fragte das Mädchen. «Die habe ich in den Keller gesperrt, und morgen sollen sie in den Wald geführt werden und sollen bei einem Köhler so lange als Mägde dienen, bis sie sich gebessert haben und auch die armen Tiere nicht hungern lassen.»

Die vorliegende Ausgabe des Märchens «Das Waldhaus» ist die 43. in der von der *Schweizerischen Bibliothek für Blinde und Sehbehinderte* (SBS) herausgegebenen Reihe illustrierter Grimm-Märchen. In derselben Reihe sind seit 1960 erschienen:

Die sieben Raben*
Illustriert von Ernst Cincera

Der Froschkönig*
Illustriert von Ernst Cincera

Aschenbrödel*
Illustriert von Ernst Cincera

Schneewittchen*
Illustriert von Ernst Cincera

Der Wolf und die sieben jungen Geisslein*
Illustriert von Ernst Cincera

Die Bremer Stadtmusikanten*
Illustriert von Ernst Cincera

Rotkäppchen*
Illustriert von Peter Lüthi

Der gestiefelte Kater*
Illustriert von Moritz Kennel

Dornröschen*
Illustriert von Moritz Kennel

Frau Holle*
Illustriert von Moritz Kennel

Hans im Glück*
Illustriert von Moritz Kennel

König Drosselbart*
Illustriert von Moritz Kennel

Das tapfere Schneiderlein*
Illustriert von Moritz Kennel

Rapunzel*
Illustriert von Moritz Kennel

Die goldene Gans*
Illustriert von Moritz Kennel

Tischlein deck dich*
Illustriert von Maurice Kenelski

Die Gänsemagd*
Illustriert von Maurice Kenelski

Schneeweisschen und Rosenrot*
Illustriert von Maurice Kenelski

Die zertanzten Schuhe*
Illustriert von Paul Nussbaumer

Das Eselein*
Illustriert von Paul Nussbaumer

Der Arme und der Reiche*
Illustriert von Jacques Schedler

Die drei Federn*
Illustriert von Jacques Schedler

Die kluge Bauerntochter*
Illustriert von Jacques Schedler

Der Teufel mit den drei goldenen Haaren*
Illustriert von Jacques Schedler

Der goldene Vogel*
Illustriert von Monica Rüdlinger

Die drei Männlein im Walde*
Illustriert von Jürg Obrist

Die weisse Schlange*
Illustriert von Jürg Obrist

Daumesdick*
Illustriert von Jürg Obrist

Das Lumpengesindel
Illustriert von Jürg Obrist

Die drei Spinnerinnen
Illustriert von Jürg Obrist

Das Bürle
Illustriert von Jürg Obrist

Der alte Sultan
Illustriert von Jürg Obrist

Die vier kunstreichen Brüder
Illustriert von Jürg Obrist

Hänsel und Gretel
Illustriert von Jürg Obrist

Das Wasser des Lebens
Illustriert von Jürg Obrist

Sechse kommen durch die ganze Welt
Illustriert von Jürg Obrist

Katze und Maus in Gesellschaft
Illustriert von Jürg Obrist

Vom klugen Schneiderlein
Illustriert von Jürg Obrist

Rumpelstilzchen
Illustriert von Jürg Obrist

Die Bienenkönigin
Illustriert von Jürg Obrist

Die drei Glückskinder
Illustriert von Jürg Obrist

Doktor Allwissend
Illustriert von Jürg Obrist

Die mit einem * versehenen Titel sind leider vergriffen. Die übrigen können, solange der Vorrat reicht, zum Preise von Fr. 12.– (inkl. Porto und MWSt.) bei der Schweizerischen Bibliothek für Blinde und Sehbehinderte (Albisriederstrasse 399, Postfach, 8047 Zürich, Telefon 01 491 25 55, Fax 01 492 64 75, E-Mail: public@sbszh.ch) weiterhin bezogen werden.